中国工程建设标准化协会标准

在役公路边坡工程风险评价技术规程

Technical Specification for Risk Assessment of In-service Highway Slope Engineering

T/CECS G:E70-01—2019

主编单位：中交第一公路勘察设计研究院有限公司
批准部门：中国工程建设标准化协会
实施日期：2019 年 07 月 01 日

人民交通出版社股份有限公司

图书在版编目(CIP)数据

在役公路边坡工程风险评价技术规程：T/CECS G：E70-01—2019 / 中交第一公路勘察设计研究院有限公司主编. — 北京：人民交通出版社股份有限公司，2019.4
 ISBN 978-7-114-15492-8

Ⅰ.①在… Ⅱ.①中… Ⅲ.①公路路基—边坡—道路工程—风险评价—技术规范—中国 Ⅳ.①U418.5-65

中国版本图书馆 CIP 数据核字(2019)第 075564 号

标准类型：中国工程建设标准化协会标准
标准名称：在役公路边坡工程风险评价技术规程
标准编号：T/CECS G:E70-01—2019
主编单位：中交第一公路勘察设计研究院有限公司
责任编辑：李　沛
责任校对：刘　芹
责任印制：张　凯
出版发行：人民交通出版社股份有限公司
地　　址：(100011)北京市朝阳区安定门外外馆斜街 3 号
网　　址：http://www.ccpress.com.cn
销售电话：(010)59757973
总 经 销：人民交通出版社股份有限公司发行部
经　　销：各地新华书店
印　　刷：北京市密东印刷有限公司
开　　本：880×1230　1/16
印　　张：3.5
字　　数：89 千
版　　次：2019 年 5 月　第 1 版
印　　次：2019 年 5 月　第 1 次印刷
书　　号：ISBN 978-7-114-15492-8
定　　价：40.00 元

(有印刷、装订质量问题的图书，由本公司负责调换)

中国工程建设标准化协会
公　　告

第 410 号

关于发布《在役公路边坡工程风险评价技术规程》的公告

根据中国工程建设标准化协会《关于印发〈2016年第一批工程建设协会标准制订、修订计划〉的通知》(建标协字〔2016〕038号)的要求,按照中国工程建设标准化协会标准管理办法的相关规定,由本协会公路分会组织编制的《在役公路边坡工程风险评价技术规程》经审查通过,现批准发布,编号为 T/CECS G:E70-01—2019,自 2019 年 7 月 1 日起施行。

二〇一九年二月二十一日

前　言

根据中国工程建设标准化协会《关于印发〈2016 年第一批工程建设协会标准制订、修订计划〉的通知》(建标协字[2016]038 号)的要求,由中交第一公路勘察设计研究院有限公司承担《在役公路边坡工程风险评价技术规程》(以下简称"本规程")的制定工作。

本规程分为 7 章、5 篇附录,主要内容包括:1 总则,2 术语和符号,3 边坡工程风险评价内容和方法,4 边坡调查,5 边坡灾害危险性评价,6 边坡灾害危害性评价,7 边坡工程风险评价与对策,附录 A 边坡破坏类型划分表,附录 B 边坡调查卡片,附录 C 边坡工程调查评分表,附录 D 边坡防护主体及附属工程划分表,附录 E 在役公路边坡工程调查评价汇总表。

本规程是基于通用的工程建设理论及原则编制,适用于本规程提出的应用条件。对于某些特定专项应用条件,使用本规程相关条文时,应对适用性及有效性进行验证。

本规程由中国工程建设标准化协会公路分会负责归口管理,由中交第一公路勘察设计研究院有限公司负责具体技术内容的解释,在执行过程中如有意见或建议,请函告本规程日常管理组,中国工程建设标准化协会公路分会(地址:北京市海淀区西土城路 8 号;邮编:100088;电话:010-62079839;传真:010-62079983;电子邮箱:shc@rioh.cn),或夏旺民(地址:陕西省西安市高新区沣惠南路 20 号华晶商务广场 A 座 10 层;邮编:710075;传真:029-88372081;电子邮箱:xiawangmin@126.com),以便下次修订时参考。

主　编　单　位:中交第一公路勘察设计研究院有限公司
参　编　单　位:中交第二公路勘察设计研究院有限公司
　　　　　　　　中交公路规划设计院有限公司
　　　　　　　　福建省交通规划设计院
　　　　　　　　西安中交公路岩土工程有限责任公司

主　　　　编:夏旺民
主要参编人员:刘卫民　喻林青　路　勋　祝　建　尉学勇　赵　冬　蔡庆娥
　　　　　　　黄强盛　朱冬春　赵　杰　雷　英　柏发田　陈银生　黄仁杰
　　　　　　　张俊瑞　肖西卫　刘存林　刘　鑫　卢才金　郑也平　曾庆有

主　　　　审：邓卫东
参与审查人员：姚令侃　张玉芳　李家春　廖小平　唐胜传　龙万学　张修杰
　　　　　　　方　磊　吕厚全
参 加 人 员：王会峰　关丽敏　牛　涌　赵建林　文和鹏　刘树林　雷曙辉
　　　　　　　李小兵　李永勤　季文魁　雷　杰

目　次

1 总则 ··· 1
2 术语和符号 ·· 2
　2.1 术语 ··· 2
　2.2 符号 ··· 3
3 边坡工程风险评价内容和方法 ·· 4
　3.1 一般规定 ·· 4
　3.2 边坡工程风险评价工作内容 ··· 4
　3.3 边坡工程风险评价方法 ··· 6
4 边坡调查 ·· 9
　4.1 一般规定 ·· 9
　4.2 边坡基本信息调查 ··· 9
　4.3 边坡动态信息调查 ··· 10
　4.4 边坡防护工程信息调查 ··· 11
　4.5 边坡功能信息调查 ··· 12
5 边坡灾害危险性评价 ··· 14
　5.1 一般规定 ·· 14
　5.2 断面几何特征 ··· 14
　5.3 坡体结构 ·· 16
　5.4 气象与水文地质条件 ·· 18
　5.5 区域地质条件 ··· 20
　5.6 边坡变形历史 ··· 20
　5.7 边坡变形现状 ··· 20
　5.8 边坡防护工程状态 ··· 21

5.9 边坡灾害危险度 ··· 23

6 边坡灾害危害性评价 ·· 26
  6.1 一般规定 ··· 26
  6.2 评价指标 ··· 26
  6.3 边坡灾害危害度 ··· 27

7 边坡工程风险评价与对策 ·· 29
  7.1 边坡工程风险评价 ··· 29
  7.2 边坡工程风险对策 ··· 29

附录 A 边坡破坏类型划分表 ·· 31
附录 B 边坡调查卡片 ·· 32
附录 C 边坡工程调查评分表 ·· 33
附录 D 边坡防护主体及附属工程划分表 ·································· 45
附录 E 在役公路边坡工程调查评价汇总表 ································ 46
本规程用词用语说明 ·· 47

1 总则

1.0.1 为规范在役公路边坡工程风险评价,控制边坡工程风险,服务在役公路边坡养护和运营安全科学决策,制定本规程。

1.0.2 本规程适用于各级在役公路的边坡工程风险评价。

1.0.3 边坡工程风险评价应遵循客观和科学的原则,采用定性和定量相结合的方法进行评价。

条文说明

边坡工程风险控制因素众多,为达到客观科学、快速准确评判的目的,采用专家打分法定性和指标体系法定量相结合的综合评价方法。

1.0.4 公路边坡工程风险评价资料应归档管理。

1.0.5 在役公路边坡工程风险评价除应符合本规程的规定外,尚应符合国家和行业现行有关标准的规定。

2 术语和符号

2.1 术语

2.1.1 在役公路边坡 in-service highway slope

在公路范围内及其周边,正在有效使用的人工边坡和对公路安全或稳定有不利影响的自然斜坡。

2.1.2 坡体结构 slope structure

构成边坡坡体的岩土类型及其组合。

2.1.3 结构面 structural plane

边坡坡体内部存在的各种原生、次生构造面等分离面,其中对边坡稳定起控制作用的结构面称为优势结构面。

2.1.4 边坡防护工程 slope protection engineering

为保障边坡稳定安全,对边坡所采取的排水、支挡、坡面防护等工程措施。

2.1.5 边坡灾害 slope disaster

在自然或人为因素作用下形成,由边坡失稳所产生的对人类生命财产、环境造成破坏或损失的事件。

2.1.6 边坡基本信息 slope basic information

边坡位置及范围、边坡几何形态特征、边坡所在区域气象、工程地质和水文地质条件等基础性的、相对静态的特征信息。

2.1.7 边坡动态信息 slope dynamic information

边坡变形历史、变形现状及变形发展趋势等动态变化的特征信息。

2.1.8 边坡防护工程信息 slope protection engineering information

边坡防护工程类型、位置、数量、尺寸、变形破坏等特征的信息。

2.1.9 边坡功能信息　slope function information
边坡对公路及周边设施的功能影响的信息,包括边坡所在公路等级、边坡周边设施重要性、边坡灾害对公路的危害程度等。

2.1.10 边坡灾害危险性　slope hazard
边坡灾害发生的可能性。

2.1.11 边坡灾害危害性　slope disaster lost
边坡灾害可能带来的破坏或损失。

2.1.12 边坡灾害危险度　slope hazard degree
边坡灾害危险性程度的评价指标。

2.1.13 边坡灾害危害度　slope disaster lost degree
边坡灾害对边坡周边设施或生命财产造成潜在危害程度的指标。

2.1.14 边坡工程风险指数　slope risk index
边坡工程风险评价指标,表示边坡工程风险大小。

2.2 符号

A, B, C, D, E, F, G——边坡灾害危险性评价指标;
H——边坡高度;
O, P, Q——边坡灾害危害性评价指标;
SH——边坡灾害危险性指数;
SH_d——边坡灾害危险度;
SV——边坡灾害危害性指数;
SV_d——边坡灾害危害度;
SRI——边坡工程风险指数;
γ——权重系数;
θ——边坡坡角(综合坡度)。

3 边坡工程风险评价内容和方法

3.1 一般规定

3.1.1 边坡工程风险评价周期应根据公路竣工年限、气象、周围环境变化,按下列原则确定:

1 高速公路建成 2 年内应进行一次边坡风险评价,而后每 3 年应进行一次风险评价。
2 其他等级公路风险评价周期宜与公路大中修周期相适应。
3 持续降雨(特大暴雨)等极端天气或破坏性地震后应及时进行公路边坡风险评价。

3.1.2 边坡评价单元宜以自然冲沟为界。同一段边坡如地质条件差异大,可根据工程地质条件进行分段。

3.1.3 应根据边坡所处位置的工程地质环境和边坡变形状况,按本规程附录 A 进行边坡变形破坏模式识别。应在边坡基本信息齐全,动态信息、防护工程信息和功能信息可靠的基础上进行风险评价。

3.2 边坡工程风险评价工作内容

3.2.1 边坡工程风险评价应包括下列工作内容:
1 确定评价对象;
2 制定评价大纲;
3 收集资料、现场调查;
4 识别边坡破坏模式;
5 评价边坡灾害危险性;
6 评价边坡灾害危害性;
7 评价边坡工程风险;
8 制定风险对策;
9 编制边坡工程风险评价报告。

3.2.2 风险评价大纲应包括下列内容：
1 工程概况，主要包括公路沿线区域地质条件、周边环境、边坡数量、边坡分布、边坡特点、边坡类型、设计施工概况等；
2 评价目的、范围、内容和要求；
3 评价依据，主要包括评价所依据的标准及有关技术资料等；
4 评价方法；
5 组织机构、人员组成、设备配置、计划进度、质量管理、安全环保措施；
6 拟提交的成果资料；
7 其他需要说明的问题。

3.2.3 边坡工程风险评价应收集下列资料：
1 气象、水文、区域地质资料；
2 边坡工程勘察设计资料；
3 边坡工程施工竣工验收资料；
4 边坡工程周边环境资料；
5 边坡工程维养资料；
6 边坡工程监测资料。

3.2.4 现场调查宜包含边坡基本信息、边坡动态信息、边坡防护工程信息、边坡功能信息等内容。

3.2.5 应对所收集资料及现场调查数据进行检验分析，必要时应进行补充调查。

条文说明
由于收集资料的来源不同，可能存在不准确或相互矛盾等问题，为了保证数据的准确可靠性，应对数据进行检验分析，必要时进行补充调查。

3.2.6 边坡工程风险评价报告宜包括下列内容：
1 工程概况；
2 评价目的、范围、内容；
3 评价依据及评价方法；
4 地质环境条件：主要包括项目区的地形地貌、气象水文、地层岩性、地质构造、地震、水文地质及人类工程活动影响等；
5 边坡工程信息：包括边坡基本信息、边坡动态信息、边坡防护工程信息及边坡功能信息等情况；
6 边坡破坏模式识别；
7 边坡灾害危险性评价；

8 边坡灾害危害性评价;
9 边坡风险评价和风险定级;
10 评价结论及建议;
11 附件:主要包括调查评价表、边坡卡片、专家评审意见等。

3.3 边坡工程风险评价方法

3.3.1 边坡工程风险评价宜采用指标体系法,评价体系如图3.3.1所示。

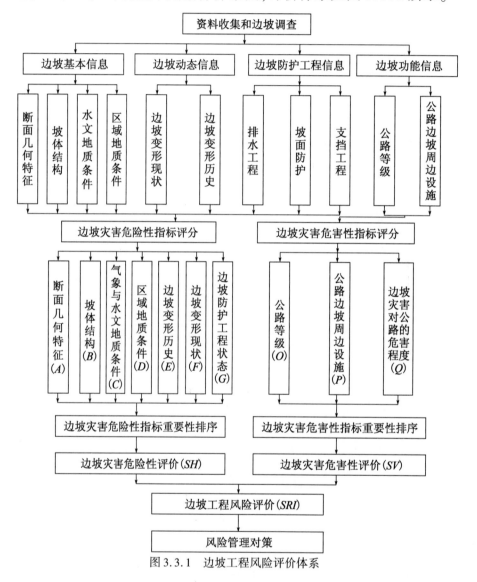

图 3.3.1 边坡工程风险评价体系

条文说明

在广泛查阅资料的基础上,结合现行《公路路基设计规范》(JTG D30)、《公路养护技术规范》(JTG H10)、《公路桥梁技术状况评定标准》(JTG/T H21)等,综合公路边坡工程风险评价相关文献资料,提出考虑边坡灾害危险性评价和边坡灾害危害性评价的边坡风险评价体系。边坡灾害危险性评价基于边坡基本信息、边坡动态信息和边坡防护工程信

— 6 —

息,主要从边坡断面几何特征、坡体结构、气象与水文地质条件、区域地质条件、边坡变形历史和现状、边坡防护工程状态等方面分析边坡发生地质灾害的危险性。边坡灾害危害性评价基于边坡功能信息,从公路等级、公路边坡周边设施、边坡灾害对公路的危害程度等方面分析边坡灾害的危害性。

3.3.2 边坡工程风险指数 SRI 应按式(3.3.2)计算。

$$SRI = SH_d \times SV_d = \frac{SH}{100} \times \frac{SV}{100} \tag{3.3.2}$$

式中:SH_d——边坡灾害危险度;
　　SV_d——边坡灾害危害度;
　　SH——边坡灾害危险性指数;
　　SV——边坡灾害危害性指数。

3.3.3 采用指标体系法进行边坡工程风险评价,宜包括下列内容:
  1 确定评价对象;
  2 收集资料、现场调查;
  3 确定边坡灾害危险性和危害性评价指标;
  4 指标重要性排序和确定指标权重;
  5 计算评价指标分值;
  6 计算边坡灾害危险性和危害性;
  7 计算边坡工程风险指数。

3.3.4 评估指标权重系数应按式(3.3.4)确定。

$$\gamma = \frac{2n - 2m + 1}{n^2} \tag{3.3.4}$$

式中:γ——权重系数;
　　n——评估指标(重要指标)项数;
　　m——指标重要性序号,$m \leq n$。

条文说明
10 项以内可以根据表 3-1 权重系数速查表选用。

表 3-1 评估指标权重系数 γ 速查表

评估指标项数 n	指标重要性序号 m										总权重
	1	2	3	4	5	6	7	8	9	10	
1	1.00	—	—	—	—	—	—	—	—	—	$\Sigma\gamma=1$
2	0.75	0.25	—	—	—	—	—	—	—	—	$\Sigma\gamma=1$
3	0.56	0.33	0.11	—	—	—	—	—	—	—	$\Sigma\gamma=1$

续上表

评估指标项数 n	指标重要性序号 m										总权重
	1	2	3	4	5	6	7	8	9	10	
4	0.44	0.31	0.19	0.06	—	—	—	—	—	—	$\sum \gamma = 1$
5	0.36	0.28	0.2	0.11	0.05	—	—	—	—	—	$\sum \gamma = 1$
6	0.31	0.25	0.19	0.14	0.08	0.03	—	—	—	—	$\sum \gamma = 1$
7	0.27	0.22	0.18	0.14	0.1	0.06	0.03	—	—	—	$\sum \gamma = 1$
8	0.23	0.2	0.17	0.14	0.11	0.08	0.05	0.02	—	—	$\sum \gamma = 1$
9	0.21	0.19	0.16	0.14	0.11	0.09	0.06	0.03	0.01	—	$\sum \gamma = 1$
10	0.19	0.17	0.15	0.13	0.11	0.09	0.07	0.05	0.03	0.01	$\sum \gamma = 1$

4 边坡调查

4.1 一般规定

4.1.1 边坡调查范围宜包括坡面区域和坡面外围可能对边坡工程有潜在安全影响的区域,宜按下列原则确定:

    1 沿边坡走向宜以两侧自然冲沟为界;垂直边坡走向宜以影响边坡稳定的范围为界,不宜小于1倍坡高,其中可能沿土体内部弧形破坏的土质边坡不宜小于1.5倍坡高。

    2 外倾结构面控制的岩质边坡的调查范围宜根据组成边坡的岩土性质及可能的破坏模式确定。

    3 当边坡发生崩塌、滑坡、落石等灾害时,宜按灾害特征要素确定调查范围。

    4 对可能沿岩土界面滑动的土质边坡,后部宜大于可能滑动的后缘边界。

4.1.2 调查应由整体到局部、宏观到微观,面、线、点相结合,先整体掌握坡体结构、构造和稳定性,再分段分层调查局部特征,以及已有的和潜在的变形类型、位置及范围。

4.1.3 边坡工程调查应采用文献资料收集、座谈走访、现场调查等方式。

4.1.4 边坡调查应详细收集边坡的勘察、设计、施工、监理、监测、养护资料;应对边坡周边群众及边坡养护管理人员进行座谈走访;应现场调查边坡的现状及历史变形情况;应按本规程附录B和附录C的要求,将调查结果填入相应表格。

4.1.5 对二元介质边坡破坏模式,除应调查岩土接触面处的变形破坏特征外,尚应调查土层变形特征。

4.1.6 对边坡及防护工程的变形或结构物裂缝应进行量测。

4.2 边坡基本信息调查

4.2.1 边坡基本信息调查应包括下列内容:

1 边坡的位置、里程桩号范围、沿公路长度；
2 边坡的走向、坡形、坡率、坡高,各坡段的高度、岩性及风化程度；
3 构成坡体的地层岩性及其分布位置、产状、风化程度和厚度,主要地质构造(断层、节理、褶皱等)的分布位置、产状、性质和密度,岩体结构和坡体结构特征等；
4 结构面的产状、性质、密度、延伸长度,结构面间的充填物、含水状况及其与坡面的关系等；
5 区域年平均降雨量、日最大降雨量；
6 地表水排泄通畅性,地下水的出露位置、性质、分布特征；
7 区域地质构造、地震等。

4.2.2 不同类型的边坡除按本规程第4.2.1条进行调查外,尚应调查下列内容：
1 土质边坡的土体类型,碎石土、砂土和粉土的土体密实程度和含水状态,黏性土的稠度状态；
2 岩质边坡的岩石坚硬程度、结构面发育及结合程度、外倾结构面倾角等边坡的坡体结构特征；
3 二元介质边坡土岩界面的岩土性质和土岩界面与边坡坡向的关系等；
4 填方边坡的坡体结构和填料类型,边坡填挖交界面形态特征、边坡基底条件。

4.3 边坡动态信息调查

4.3.1 边坡动态信息调查应包括边坡变形现状和变形历史。

4.3.2 应调查边坡变形位置、规模、影响范围及危害性,是否发生过滑坡、崩塌等灾害。

4.3.3 应对边坡变形进行量测,记录变形部位及特征,预估变形体规模及影响范围。

4.3.4 对已发生或可能发生滑坡灾害的边坡,应按滑坡特征要素进行详细调查。宜包括下列内容：
1 滑坡体上微地貌形态及其演化过程,如滑坡周界、滑坡壁、滑坡平台、滑坡舌、滑坡裂缝、滑坡鼓丘等,滑坡剪出口,滑痕指向、倾角,滑带组成和岩土状态；
2 裂缝的位置、方向、深度、宽度、产生时间、切割关系和力学属性；
3 滑坡主滑方向、主滑段、抗滑段及其变化；
4 滑坡体地下水和地表水的情况,泉水出露地点和流量、地表水体、湿地分布和变迁情况；
5 滑坡范围内建筑物、树木等的变形、位移及其破坏时间和过程。

4.3.5 对已发生或可能发生崩塌灾害的边坡,应按崩塌特征要素进行详细调查。宜包括下列内容：

1 崩塌区地形地貌及崩塌类型、规模、范围；
2 崩塌区岩土体岩性特征、风化程度和地下水、地表水活动特征等；
3 崩塌区的地质构造、岩土体结构类型、结构面产状、组合关系、力学属性、充填情况、延展及贯通特征，分析崩塌的崩落方向、规模和影响范围。

4.3.6 对已发生或可能发生落石灾害的边坡，应按落石的特征要素进行详细调查。宜包括下列内容：

1 落石产生部位(落石源)、滚动路径(特别是半坡平台、密林、山平塘、沟槽、突出山脊等对运动路径的影响)、最终停积部位和倒石堆；
2 停积落石的块度、形态、滚动过程中解体情况，对障碍物、建筑物、拦石工程的冲击破坏情况。

4.4 边坡防护工程信息调查

4.4.1 边坡防护工程信息调查应包括防护工程类型和破损程度。

4.4.2 应调查防护工程变形、破损及毁坏情况，记录破损部位，分析破损程度、发展趋势，评估工程结构破损对使用功能的影响程度。

4.4.3 排水工程调查应包括下列内容：

1 边沟、排水沟、截水沟等淤积、破裂、变形漏水、冲刷损毁等情况，沟涵是否相连、排水是否通畅等；
2 坡面泄水孔、深层泄水孔堵塞；
3 渗沟堵塞，出水口变形；
4 检查井淤积堵塞，井壁变形破损；
5 排水隧洞应按现行《公路养护技术规范》(JTG H10)中隧道检查的有关内容进行，并记录隧洞排水情况。

4.4.4 坡面防护工程调查应包括表4.4.4所列内容。

表4.4.4 坡面防护工程调查内容

坡面防护工程类型	主要调查内容
植物防护工程	坡面绿化类型及效果； 坡面冲刷； 坡面裂缝、隆起等

续上表

坡面防护工程类型	主要调查内容
喷浆防护工程	喷面裂缝； 喷面掉块及鼓胀； 排水孔堵塞； 喷面渗水
护面墙和护坡工程	护面墙或格架等防护裂缝、倾斜、鼓胀、滑动、下沉等； 勾缝脱落； 坡面渗水、漏水； 排水孔堵塞； 基础冲刷或下沉
柔性防护工程	防护网破损、锈蚀； 防护网内落石兜集； 被动柔性网的锚头松动或锈蚀； 被动柔性网的立柱松动或破坏

4.4.5 挡墙调查应包括下列内容：
1 墙体裂缝、压顶破损、勾缝脱落、倾斜、剪切、鼓胀等；
2 墙体渗水、泄水孔堵塞；
3 基础隆起、下沉、滑移、冲刷等。

4.4.6 锚固工程调查应包括下列内容：
1 岩土体变形破坏；
2 框架裂缝、架空、下沉等；
3 锚头锈蚀、变形开裂、松动或脱落，锚垫板生锈等；
4 锚杆(索)断裂破坏等。

4.4.7 抗滑桩调查应包括下列内容：
1 岩土体变形破坏；
2 抗滑桩桩顶位移，桩身裂缝、露筋、倾斜、滑动、剪断等；
3 桩间挡板(墙)裂缝、露筋、倾斜、剪切、鼓胀、渗水、泄水孔堵塞、与桩身结合情况等。

4.5 边坡功能信息调查

4.5.1 边坡功能信息调查应包括边坡所在公路情况、边坡周边设施情况以及边坡灾害造成危害情况等内容。

4.5.2 边坡所在公路情况调查应包括公路等级、车道数、交通量等内容。

4.5.3 边坡周边设施情况调查应包括影响范围内的隧道、桥梁构造物、房屋、地下管线、高压线塔,水体设施的位置、结构及其重要性等内容。

4.5.4 边坡灾害造成危害情况调查应包括邻近边坡已发生灾害及其对道路的危害情况等内容。

5 边坡灾害危险性评价

5.1 一般规定

5.1.1 边坡灾害危险性评价应在获得边坡基本信息、边坡动态信息及边坡防护工程信息的基础上进行。

5.1.2 边坡灾害危险性评价指标应包括：断面几何特征(A)（坡高、坡度）、坡体结构(B)、气象与水文地质条件(C)、区域地质条件(D)、边坡变形历史(E)、边坡变形现状(F)和边坡防护工程状态(G)。采用指标体系法进行评价，各指标最高分值均为100分。

5.2 断面几何特征

5.2.1 土质边坡断面几何特征应根据边坡高度及边坡坡角（综合坡度），按表5.2.1确定评分值，两者之和（$A11+A12$）为边坡几何特征指标得分。

表5.2.1 土质边坡断面几何特征指标评分值

评估指标	分级	分值	说明
($A11$)土质 边坡高度H	$H\leq6m$	10	根据土质边坡高度H所在的区间取值，$H>40m$时，$A11$分值为50
	$6m<H\leq10m$	16	
	$10m<H\leq20m$	24	
	$20m<H\leq40m$	36	
	$H>40m$	50	
($A12$)土质边坡 坡角θ（综合坡度）	$\theta\leq32°$	10	根据土质边坡坡角所在区间取值，$\theta>48°$时，$A12$分值为50
	$32°<\theta\leq37°$	16	
	$37°<\theta\leq42°$	24	
	$42°<\theta\leq48°$	36	
	$\theta>48°$	50	

条文说明

边坡高度指边坡坡脚至开挖坡口线或填方路肩线之间的垂直高度，按现行《公路路基设计规范》（JTG D30）中挖方和填方边坡划分界限。高度小于界限值的边坡考虑了单级坡划分高度,高度大于界限值的按照界限值 2 倍的递增关系划分。

若边坡长度大,高度随坡长不断变化,评价分析的边坡高度应该是最有可能发生变形破坏的关键断面的边坡高度,而非最大的边坡高度。

边坡坡角指边坡的综合坡度,按现行《公路路基设计规范》(JTG D30)中边坡坡度划分原则确定高边坡界限坡度值,同时考虑岩土体性质,按规范坡率换算坡度 5°~10°增减。

5.2.2 岩质边坡断面几何特征应根据边坡高度及边坡坡角(综合坡度)按,表 5.2.2 分别确定评分值,两者之和($A21 + A22$)为边坡几何特征指标得分。

表 5.2.2 岩质边坡断面几何特征指标评分值

评估指标	分 级	分 值	说 明
($A21$)岩质边坡高度 H	$H \leq 8m$	10	根据岩质边坡高度 H 所在区间取值,$H > 60m$ 时,$A21$ 分值为 50
	$8m < H \leq 15m$	16	
	$15m < H \leq 30m$	24	
	$30m < H \leq 60m$	36	
	$H > 60m$	50	
($A22$)岩质边坡坡角 θ(综合坡度)	$\theta \leq 42°$	10	根据岩质边坡坡角所在区间取值,$\theta > 67°$时,$A22$ 分值为 50
	$42° < \theta \leq 49°$	16	
	$49° < \theta \leq 58°$	24	
	$58° < \theta \leq 67°$	36	
	$\theta > 67°$	50	

5.2.3 二元介质边坡应按土质和岩质边坡分别取分,取两者的大值为边坡几何断面特征指标分值。

条文说明

土质边坡高度按土质边坡高度取值,岩质边坡高度按总个边坡坡高取值。

5.2.4 填方边坡应根据边坡高度及边坡坡角(综合坡度),按表 5.2.4 确定评分值,两者之和($A41 + A42$)为边坡几何特征指标得分。

表 5.2.4 填方边坡断面几何特征指标评分值

评估指标	分 级	分 值	说 明
($A41$)填方边坡高度 H	$H \leq 6m$	10	根据填方边坡高度 H 所在区间取值,$H > 40m$ 时,$A41$ 分值为 50
	$6m < H \leq 10m$	16	
	$10m < H \leq 20m$	24	
	$20m < H \leq 40m$	36	
	$H > 40m$	50	

续上表

评估指标	分级	分值	说明
(A42)填方边坡坡角 θ(综合坡度)	θ≤21°	10	根据填方边坡坡角取值，θ>34°时，A42分值为50
	21°<θ≤25°	16	
	25°<θ≤30°	24	
	30°<θ≤34°	36	
	θ>34°	50	

5.3 坡体结构

5.3.1 土质边坡坡体结构应根据土体类型、土体密实程度、土体含水状态和黏性土稠度状态，按表5.3.1确定坡体结构指标评分值，$B11$ 和 $B14$ 之和为黏性土坡体结构评价指标得分，$B11$、$B12$ 和 $B13$ 之和为碎石土、砂土、粉土坡体结构评价指标得分。

表5.3.1 土质边坡坡体结构指标评分值

评估指标	分级	分值	说明
(B11)土体类型	碎石土	13	边坡主要土体按颗粒组成分类进行取值
	砂土	20	
	粉土	27	
	黏性土	34	
(B12)土体密实程度	密实	13	砂土、粉土、碎石土按密实程度取值
	中密	20	
	稍密	27	
	松散	33	
(B13)土体含水状态	稍湿	13	砂土、粉土、碎石土按土体含水状态取值
	湿	20	
	很湿	33	
(B14)黏性土稠度状态	坚硬	17	黏性土按稠度状态取值
	硬塑	33	
	可塑	50	
	软塑	66	

条文说明

坡体材料按现行《公路工程地质勘察规范》(JTG C20)和《工程岩体分级标准》(GB/T 50218)中岩土体的分类进行确定。

土体按颗粒成分划分为碎石土、砂土、粉土和黏性土(土体按颗粒成分划分能全面掌握土体性质，不会因按地质成因划分而互相混乱)。粗颗粒土按照密实度和湿度判定边坡的稳定状态,黏性土按照状态判定边坡的稳定状态。密实度分为密实、中密、稍密和松散;湿度分为稍湿、湿和很湿;黏性土状态分为坚硬、硬塑、可塑和软塑。因流塑状态边坡不能自立,取消此档。

5.3.2 岩质边坡坡体结构应根据岩石的坚硬程度、结构面发育程度、结构面结合程度、外倾结构面倾角,按表5.3.2确定坡体结构指标评分值。

表 5.3.2　岩质边坡坡体结构指标评分值

评估指标	分级	分值	说明
($B21$)岩石的坚硬程度	坚硬岩	4	根据岩石的坚硬程度分级取值
	较坚硬岩	8	
	较软岩	12	
	软岩	16	
	极软岩	20	
($B22$)结构面发育程度	结构面1~2组,平均间距>1m,呈整体或巨厚层状结构	4	根据结构面发育程度分级取值
	结构面1~3组,平均间距1~0.4m,呈块状或厚层状结构	8	
	结构面≥3组,平均间距1~0.2m,呈裂隙块状或中厚层状,镶嵌碎裂、薄层状结构	12	
	结构面≥3组,平均间距0.4~0.2m,呈裂隙块状或碎裂结构	16	
	结构面发育密集无序,岩体呈散体状结构	20	
($B23$)结构面结合程度	好	8	根据结构面结合程度分级取值
	一般	12	
	差	16	
	很差	20	
($B24$)外倾结构面倾角	近水平(0~5°)或内倾	16	根据外倾结构面倾角进行取值
	>75°或<27°	24	
	27°~75°	32	
	结构面无明显规律	40	

条文说明

坡体材料按现行《公路工程地质勘察规范》(JTG C20)和《工程岩体分级标准》(GB/T 50218)中岩土体的分类进行确定。

岩体稳定性的基本属性是岩石坚硬程度和岩体完整程度两个因素,岩体完整程度包括结构面发育程度和结合程度。另外,外倾结构面倾角大小也是决定坡体稳定的关键因素之一。因此,按照野外容易判定掌握的原则,将岩石坚硬程度、岩体结构面发育程度和结构面结合程度以及外倾结构面倾角四个要素作为指标。

5.3.3 二元介质边坡坡体结构应按土质边坡和岩质边坡分别填表,取岩质和土质边坡坡体结构指标分值的大值。

5.3.4 填方边坡坡体结构应根据坡体填料、填挖交界面或岩土接触面与坡向关系、基底条件、控制性层面,按表5.3.4确定坡体结构指标分值。

表5.3.4 填方边坡坡体结构指标评分值

评估指标	分 级	分 值	说 明
(B41)坡体填料	巨粒土	8	根据边坡主要填料分类进行取值
	粗粒土	12	
	细粒土	20	
(B42)填挖交界面或岩土接触面与坡向关系	反坡	10	根据填方边坡回填交界面或岩土接触面走向与坡向之间的关系取值
	近水平(0~10°)	20	
	缓坡(10°≤交界面坡度≤20°)	30	
	陡坡(交界面坡度>20°)	40	
(B43)基底条件	硬质岩	8	根据填方边坡初始地基条件取值
	软质岩	12	
	土层	20	
(B44)控制性层面	无外倾结构面或软弱层	10	根据填方边坡控制性层面性质取值
	有外倾结构面或软弱层	20	

条文说明

填方边坡坡体材料引用了现行《土的工程分类标准》(GB/T 50145)和《公路路基设计规范》(JTG D30)中的定名和填料类别。

填方路基稳定性主要受控制性层面控制。为了本规程的可操作性,根据控制边坡稳定性的控制性层面特性,主要选取了填方路堤与地基的接触面或岩土接触面、基底条件、地基潜在软弱面或不利结构面。

5.4 气象与水文地质条件

5.4.1 气象与水文地质条件应根据年平均降雨量、日最大降雨量、地表水活动、地下水活动,按表5.4.1确定气象与水文地质条件指标分值。

表 5.4.1　气象与水文地质条件指标评分值

评估指标	分　级	分　值	说　明
（C1）年平均降雨量 $Q_年$	$Q_年 \leq 200mm$	4	根据年平均降雨量取值，最高分20
	$200mm < Q_年 \leq 400mm$	8	
	$400mm < Q_年 \leq 600mm$	12	
	$600mm < Q_年 \leq 800mm$	16	
	$Q_年 > 800mm$	20	
（C2）日最大降雨量 $Q_日$	$Q_日 \leq 25mm$	4	根据日最大降雨量取值，最高分20
	$25mm < Q_日 \leq 50mm$	8	
	$50mm < Q_日 \leq 100mm$	12	
	$100mm < Q_日 \leq 200mm$	16	
	$Q_日 > 200mm$	20	
（C3）地表水活动	排泄畅	8	根据地表水的排泄条件、入渗可能性取值
	排泄较畅	16	
	排泄较不畅	24	
	排泄不畅	30	
（C4）地下水活动	坡面无渗水	8	根据现场调查地下水出露的情况取值
	坡面点状渗水	16	
	坡面线状渗水	24	
	坡面面状渗水	30	

条文说明

目前，通过降雨预测坡体变形受控因素复杂，且没有一个准确的方法，已有的方法归纳起来主要有地貌分析-临界降雨量模型判据法、气象-地质环境要素叠加统计法、地质灾害致灾因素的概率量化模型、地质灾害预报指数法、降雨量等级指数法、区域地质-气象信息的耦合法等，基本停留在研究阶段或仅适合某些局部区域，且模型都与地质环境因素相关，需要的数据多，不利于现场操作，不能独立于坡体环境因素之外。累计降雨量和当日降雨量，两者结合评价坡体变形相对准确，但累计降雨量数值难以获得，量化为大范围适用的指标困难；采用当日降雨量虽准确性降低，但数据获取容易，并具有统一的量化体系，可操作性强。综合考虑各方面因素，本规程采用年平均降雨量和日最大降雨量作为评价指标。

地表水活动主要指边坡范围内坡体排泄雨水的畅通性和有无积水的可能。排泄畅指坡体无任何淤积，排泄较畅指坡体存在小部分淤积，排泄较不畅指坡体存在大范围淤积的可能，排泄不畅指坡体无排泄地表水可能。

5.5 区域地质条件

5.5.1 区域地质条件应根据边坡所在区域地震峰值加速度、地质构造影响程度,按表5.5.1确定区域地质条件指标评分值。

表5.5.1 区域地质条件指标评分值

评估指标	分 级	分 值	说 明
($D1$)地震峰值加速度 α	$\alpha \leq 0.05g$	10	根据地震峰值加速度 α 取值,最高分50
	$0.05g < \alpha \leq 0.15g$	20	
	$0.15g < \alpha \leq 0.20g$	30	
	$0.20g < \alpha \leq 0.30g$	40	
	$\alpha \geq 0.40g$	50	
($D2$)地质构造影响程度	弱/无	12	根据地质构造影响程度取值,最高分50
	中等	24	
	较强烈	36	
	强烈	50	

5.6 边坡变形历史

5.6.1 边坡变形历史应根据边坡以往发生的变形状况,按表5.6.1确定边坡变形历史指标评分值。

表5.6.1 边坡变形历史指标评分值

评估指标	分 级	分 值	说 明
(E)边坡变形历史	无	25	
	轻微	50	
	中等	75	
	严重	100	

条文说明

边坡变形分无、轻微、中等和严重四类。无变形指坡体或坡面上无变形、无裂缝;轻微变形指坡体或坡面上有少量变形或少量细微裂缝,裂缝宽度小于5mm;中等变形指坡体或坡面上有局部变形或裂缝宽度大于5mm;严重变形指坡体或坡面上有鼓胀、隆起现象,裂缝分布密集,宽度大于20mm。

5.7 边坡变形现状

5.7.1 边坡变形现状应根据边坡当前发生的变形状况(坡脚、坡顶及坡体变形情况),

按表 5.7.1 确定边坡变形现状指标评分值。

表 5.7.1 边坡变形现状指标评分值

评估指标	分级	分值	说明
(F)边坡变形现状	无	25	
	轻微	50	
	中等	75	
	严重	100	

条文说明

边坡变形分无、轻微、中等和严重四类。无变形指坡体或坡面上无变形、无裂缝;轻微变形指坡体或坡面上有少量变形或少量细微裂缝,裂缝宽度小于5mm;中等变形指坡体或坡面上有局部变形或裂缝宽度大于5mm;严重变形指坡体或坡面上有鼓胀、隆起现象,裂缝分布密集,宽度大于20mm。

5.8 边坡防护工程状态

5.8.1 应根据现场调查防护工程类型及边坡预估破坏模式进行防护工程重要性排序,采用指标体系法确定各防护工程的评价权重。应根据防护工程破损状况进行防护工程分项分部技术状况评价,最终确定防护工程状态指标分值,评价表见本规程附录C"(三)边坡防护工程信息"部分。

条文说明

参照现行《公路桥梁技术状况评定标准》(JTG/T H21),将边坡防护工程视为由分项工程、分部工程组成,采用指标体系法分别对各分项工程和分部工程的破损状况(技术状态)进行评价,最后进行防护工程整体技术状况评价。

5.8.2 边坡防护工程类型应按表 5.8.2 进行划分。

表 5.8.2 边坡防护工程分类表

分部工程	分项工程	
(G1)排水工程	(G11)边沟、(G12)截水沟、(G13)排水沟、(G14)急流槽与跌水、(G15)仰斜排水孔、(G16)渗井、(G17)排水隧道、(G18)盲沟(渗沟)、(G19)集水井	
(G2)坡面防护工程	(G21)植物防护、(G22)骨架植物防护、(G23)喷护、(G24)挂网喷护、(G25)干砌片石护坡、(G26)浆砌片石护坡、(G27)护面墙、(G28)柔性防护结构	
(G3)支挡工程	(G31)挡墙	(G311)重力式挡墙、(G312)悬臂挡墙、(G313)锚定板挡墙、(G314)加筋土挡墙
	(G32)锚固工程	(G321)锚索(杆)、(G322)框架、(G323)地基
	(G33)抗滑桩	(G331)桩身锚索、(G332)桩身、(G333)桩间挡板或挡墙、(G334)桩周土体

条文说明

根据现行《公路路基设计规范》(JTG D30)以及边坡防护工程的惯例,将边坡防护工程分为三大类,每一类中细分为不同的分项工程。

5.8.3 根据边坡现场调查,应按本规程附录 A 确定边坡破坏类型,并按本规程附录 D 确定边坡防护工程的主体工程和附属工程。

5.8.4 边坡防护工程分项工程技术状况评价应根据防护工程破损程度、破损对结构使用功能影响程度和破损发展变化状况等,按表5.8.4进行等级评定。

表5.8.4 边坡防护工程分项工程技术状况评定表

破损状况及标度			组合评定标度					
破损程度及标度		程度	小→大					
			少→多					
			轻度→严重					
		标度	0	1	2	—	—	—
破损对结构使用功能的影响程度	无、不重要	0	0	1	2	—	—	—
	小、次要	1	1	2	3	—	—	—
	大、重要	2	2	3	4	—	—	—
以上两项评定组合标度			0	1	2	3	4	—
破损发展变化状况的修正	趋向稳定	−1	0	1	2	3	—	—
	发展缓慢	0	0	1	2	3	4	—
	发展较快	+1	1	2	3	4	5	—
最终评定的标度			0	1	2	3	4	5
分项工程技术状况及分类			完好	良好	较好	较差	差	危险
			一类	二类	三类	四类	五类	

5.8.5 防护工程分部工程技术状况评价应按式(5.8.5)确定分部工程技术状况评分值。

$$G_i = \sum_{i=1}^{n} G_{ii} \gamma_i \tag{5.8.5}$$

式中:G_i——防护工程分部工程技术状况评价分值;

G_{ii}——分项工程技术状况评价的等级评定分值,分值取为 1~5 分(完好和良好为1分,较好为2分,较差为3分,差为4分,危险为5分);

γ_i——按分部工程中各分项工程重要性排序,采用指标权重法确定的权重系数,$\sum \gamma_i = 1$;

n——分项工程项数。

5.8.6 防护工程技术状况综合评价应按式(5.8.6)确定防护工程状态指标分值。

$$G = 20 \times \sum_{i=1}^{n} G_i \gamma_i \tag{5.8.6}$$

式中：G——防护工程状态指标评分值；

G_i——防护工程分部工程技术状况评价分值；

γ_i——按防护工程中各分部工程重要性排序，采用指标权重法确定的权重系数，$\sum \gamma_i = 1$；

n——分部工程项数。

5.9 边坡灾害危险度

5.9.1 宜根据防护工程类型(支挡工程、坡面防护工程等)、地下水活动情况，按表5.9.1-1～表5.9.1-4对边坡灾害危险性的评价指标进行重要性排序。

表 5.9.1-1　土质边坡评价指标重要性排序表

指　　标	不同情况下的指标重要性排序			
	简单坡面防护工程 （坡面无渗水）	具有重要支挡工程 （坡面无渗水）	简单坡面防护工程 （坡面渗水）	具有重要支挡工程 （坡面渗水）
断面几何特征	2	3	2	3
坡体结构	3	4	4	5
气象与水文地质条件	4	5	3	4
区域地质条件	5	6	5	6
边坡变形历史	7	7	7	7
边坡变形现状	1	1	1	1
边坡防护工程状态	6	2	6	2

表 5.9.1-2　岩质边坡评价指标重要性排序表

指　　标	不同情况下的指标重要性排序			
	简单坡面防护工程 （坡面无渗水）	具有重要支挡工程 （坡面无渗水）	简单坡面防护工程 （坡面渗水）	具有重要支挡工程 （坡面渗水）
断面几何特征	3	4	4	5
坡体结构	2	3	2	3
气象与水文地质条件	4	5	3	4
区域地质条件	5	6	5	6
边坡变形历史	7	7	7	7
边坡变形现状	1	1	1	1
边坡防护工程状态	6	2	6	2

表 5.9.1-3 二元介质边坡评价指标重要性排序表

指标	不同情况下的指标重要性排序			
	简单坡面防护工程（坡面无渗水）	具有重要支挡工程（坡面无渗水）	简单坡面防护工程（坡面渗水）	具有重要支挡工程（坡面渗水）
断面几何特征	3	4	4	5
坡体结构	2	3	2	3
气象与水文地质条件	4	5	3	4
区域地质条件	5	6	5	6
边坡变形历史	7	7	7	7
边坡变形现状	1	1	1	1
边坡防护工程状态	6	2	6	2

表 5.9.1-4 填方边坡评价指标重要性排序表

指标	不同情况下的指标重要性排序			
	简单坡面防护工程（坡面无渗水）	具有重要支挡工程（坡面无渗水）	简单坡面防护工程（坡面渗水）	具有重要支挡工程（坡面渗水）
断面几何特征	3	4	4	5
坡体结构	2	3	2	3
气象与水文地质条件	4	5	3	4
区域地质条件	5	6	5	6
边坡变形历史	7	7	7	7
边坡变形现状	1	1	1	1
边坡防护工程状态	6	2	6	2

条文说明

确定各评估指标对边坡灾害所起作用的大小或重要程度有多种方法，如专家经验法、调查统计法、边坡敏感度法、数理统计法、层次分析法等。实践中常用层次分析法来确定各指标权重。本规程参考大量文献资料，根据土质边坡、岩质边坡、二元介质边坡和填方边坡的特点，依据各相关影响因素的重要程度进行重要性排序。

以上表格中的重要性排序表是根据边坡工程风险评价数据的统计得出，鉴于边坡防护工程的支挡作用以及地下水对边坡的稳定性和危险性影响较大，同时边坡的变形现状体现边坡的稳定状态，实际操作中可根据具体情况确定各指标的重要性排序。

5.9.2 边坡灾害危险性的评价指标权重系数 γ 应按本规程第 3.3.4 条确定。

5.9.3 边坡灾害危险性指数 SH 和边坡灾害危险度 SH_d 根据各评价指标分值和对应的权重系数，按式(5.9.3-1)和式(5.9.3-2)确定：

$$SH = A \times \gamma_1 + B \times \gamma_2 + C \times \gamma_3 + D \times \gamma_4 + E \times \gamma_5 + F \times \gamma_6 + G \times \gamma_7$$
(5.9.3-1)

$$SH_d = \frac{SH}{100}$$
(5.9.3-2)

式中：A,B,C,D,E,F,G——各评价指标分值；

$\gamma_1,\cdots,\gamma_7$——各评价指标对应的权重系数。

6 边坡灾害危害性评价

6.1 一般规定

6.1.1 应根据边坡功能信息调查,针对公路等级、公路边坡周边设施、边坡灾害对公路的危害程度等影响因素,采用指标体系法进行边坡危害性评价。

6.1.2 边坡灾害危害性评价指标应包括公路等级(O)、公路边坡周边设施(P)、边坡灾害对公路的危害程度(Q)。

条文说明

考虑边坡灾害危害性指标的影响程度,参照现行《公路路基设计规范》(JTG D30)边坡计算中天然工况安全系数取值范围1.1~1.35的情况,建议缩小该项指标之间取值的差距,各指标分值取76~100分。

6.2 评价指标

6.2.1 公路等级指标评分值应按表6.2.1取值。

表6.2.1 公路等级指标评分标准表

评估指标	分级	分值	说明
(O)公路等级	四级公路及以下	76	根据公路等级对公路的危害程度进行评分
	三级公路	85	
	二级公路	92	
	高速公路及一级公路	100	

6.2.2 公路边坡周边设施指标评分值应按表6.2.2取值。

表6.2.2 公路边坡周边设施指标评分标准表

评估指标	分级	分值	说明
(P)公路边坡周边设施	设施位于下述范围外	76	根据边坡所处公路周边设施的重要性及距离边坡的距离进行评分,其中隧道及桥梁处边坡取100分
	在坡顶以外1.5倍坡高、路基下方2.0倍坡高范围及两侧有地表建筑物、地下埋藏物、高压线、水体设施	85	

续上表

评估指标	分　级	分值	说　明
(P)公路边坡周边设施	在坡顶以外1.0倍坡高、路基下方1.5倍坡高范围及两侧有地表建筑物、地下埋藏物、高压线、水体设施	92	根据边坡所处公路周边设施的重要性及距离边坡的距离进行评分,其中隧道及桥梁处边坡取100分
	在坡顶以外0.5倍坡高、路基下方1.0倍坡高范围及两侧有隧道、桥梁、地表建筑物、地下埋藏物、高压线、水体设施	100	

6.2.3 边坡灾害对公路的危害程度应按表6.2.3-1划分为严重、较严重、不严重、无或轻微四级,并按表6.2.3-2的评分标准取值。

表6.2.3-1　边坡灾害对公路的危害程度划分表

危害程度级别	危害程度表述
无或轻微	公路及其构筑物仅受到很小的影响或间接地受到影响,不影响使用,未造成交通中断
不严重	公路及其构筑物遭到一些破坏或功能受到一些影响,及时修复后仍能使用;交通中断,抢修、处置时间预计在1h以上
较严重	边坡破坏后,公路及其构筑物遭到较大破坏或功能受到较大影响,需要进行专门的加固治理后才能投入正常运用;交通毁坏或中断,抢修、处置时间预计在12h以上
严重	边坡破坏后,公路及其构筑物完全破坏或功能完全丧失,交通毁坏或中断,抢修、处置时间预计在24h以上

表6.2.3-2　边坡灾害对公路的危害程度指标评分标准表

评估指标	分　级	分值	说　明
(Q)边坡灾害对公路的危害程度	无或轻微	76	根据边坡灾害对公路的危害程度,可能引起的公路中断时间进行评分
	不严重	85	
	较严重	92	
	严重	100	

条文说明

参照现行《建筑边坡工程技术规范》(GB 50330)中边坡工程破坏等级、交通运输部印发的《公路突发事件应急预案》中预警级别,以及《水利水电工程边坡设计规范》(SL 386)中边坡对水工建筑物的破坏等级,将边坡对公路的危害程度划分为四级。

6.3　边坡灾害危害度

6.3.1 边坡灾害危害性指标应按表6.3.1确定权重。

表 6.3.1 边坡灾害危害性指标权重表

指标	边坡灾害对公路的危害程度（Q）	公路等级（O）	公路边坡周边设施（P）
权重系数 γ	0.56	0.33	0.11

6.3.2 边坡灾害危害性指数 SV 和边坡灾害危害度 SV_d 应按式(6.3.2-1)和式(6.3.2-2)确定。

$$SV = O \times \gamma_1 + P \times \gamma_2 + Q \times \gamma_3 \quad (6.3.2\text{-}1)$$

$$SV_d = \frac{SV}{100} \quad (6.3.2\text{-}2)$$

式中：O, P, Q——各评价指标分值；

$\gamma_1, \gamma_2, \gamma_3$——各评价指标对应的权重系数。

7 边坡工程风险评价与对策

7.1 边坡工程风险评价

7.1.1 边坡工程风险指数 SRI 应按式(7.1.1)确定。

$$SRI = SH_d \times SV_d \tag{7.1.1}$$

式中：SH_d——边坡灾害危险度；

SV_d——边坡灾害危害度。

7.1.2 边坡工程风险分级及对应的接受准则应按表7.1.2进行划分。

表 7.1.2 边坡工程风险分级表

风险等级	风险指数	接受准则
一级	$SRI \leq 0.30$	可忽略
二级	$0.30 < SRI \leq 0.40$	可容许
三级	$0.40 < SRI \leq 0.55$	基本可接受
四级	$0.55 < SRI \leq 0.65$	基本不可接受
五级	$SRI > 0.65$	不可接受

条文说明

边坡工程风险分级为制定边坡工程的防控措施而服务。5个风险等级的风险指数分界线根据相关资料，以及陕西、重庆、山西、宁夏、福建、湖北等地199个边坡的评价资料统计分析得出。

7.1.3 边坡工程风险评价宜按本规程附录E对各项评价指标进行汇总。

7.2 边坡工程风险对策

7.2.1 风险指数为一级的边坡工程可采取日常养护管理措施。

7.2.2 风险指数为二级的边坡工程应加强养护管理，必要时增加边坡监测措施。

7.2.3 风险指数为三级的边坡工程应增加监测措施,加强管控。

7.2.4 风险指数为四级的边坡工程应进行风险警示,制订应急预案,并进行专项边坡工程勘察。

7.2.5 风险指数为五级的边坡工程应启动应急预案,进行应急抢险,安排专项治理。

附录 A 边坡破坏类型划分表

A.1 边坡破坏类型划分见表 A.1。

表 A.1 边坡破坏类型划分表

破坏类型	变形破坏特征	破坏模式
落石	坡体上由于节理、风化等形成的小型岩石等分离体在重力、冰劈、根劈或其他外力的作用下从坡顶或坡面掉落的病害现象	坠落式、倾倒式、滑移式
碎落（溜砂）	边坡表面的风化岩石，在水流或风力和重力作用下，呈片状或碎块状剥离母体、沿坡面滚落、堆积的现象	
坡面流石流泥（坡面溜塌）	坡面岩土体在坡面径流或暴流的冲刷下产生土石流失的现象（规模较大时可产生坡面泥石流）	
坍塌	边坡在降雨或地下水等触发因素的作用下，由于坡率过陡，坡脚软化失去支撑，致使其上覆相应部分土层崩解、坍落，并堆于坡脚的坡体病害现象	蠕滑—拉裂 滑移—拉裂
滑塌	坡面岩土在饱水的状态下产生浅表层部分岩土整体坍移滑动的坡体病害现象，大多因暴雨触发，呈流塑状	蠕滑—拉裂 滑移—拉裂
崩塌	边坡上局部岩土体向临空方向拉裂、移动、崩落，崩落的岩土体主要运动形式为自由坠落或沿坡面的跳跃、滚动	坠落式、倾倒式、滑移式
滑坡	在一定的地形条件下，由于外界条件的变化，各种自然或人为因素影响，破坏了岩土体的力学平衡，使山坡上的不稳定岩土体在重力作用下，沿着一定的软弱面（带）作整体的、缓慢的、间歇性的向下滑动的不良地质现象，具有蠕动变形、挤压、微动和滑动四个阶段，有时也具有高速急剧移动现象	蠕滑—拉裂 滑移—拉裂 滑移—压致拉裂 塑流—拉裂
错落	坡脚岩体破碎或岩质软弱，边坡的岩体沿陡倾结构面发生整体下坐（错）、位移	滑移—拉裂 滑移—压致拉裂
倾倒	具有层状反向结构的边坡，在重力作用下，其表部岩层向边坡下方发生弯曲倾倒	弯曲—拉裂
溃屈	岩层倾角与坡角大体一致的层状同向结构边坡，上部岩层沿软弱面蠕滑，下部岩层鼓起、弯折、剪断，岩层沿上部层面和下部剪切面滑动	滑移—弯曲

附录 B 边坡调查卡片

B.1 边坡调查卡片见表 B.1。

表 B.1 边坡调查卡片

边坡基本信息					
公路名称		边坡全貌照片			
桩号		~			
位置(坡向)		~			
边坡编号		~			
坡高(m)		~			
坡角(°)		~			
区段长度(m)		~			
边坡类型		~			
边坡工程地质与水文地质条件					
地形地貌	地层岩性		地质构造		水文地质
坡形坡率与防护措施					
坡级	坡率	坡高	岩性及控制性结构面形态		防护措施
第1级					
第2级					
第3级					
第4级					
第5级					
…					
边坡动态信息及防护工程信息					
一、边坡变形调查(附变形破坏特征照片)					
主要调查边坡的变形、开裂、鼓胀等信息					
二、防护工程调查(附防护工程破损照片)					
主要调查防护工程的变形、开裂、鼓胀、破损等信息					
三、边坡的破坏类型					

附录C 边坡工程调查评分表

<table>
<tr><td colspan="5" align="center">在役公路边坡工程调查评分表
（第1页 共12页）</td></tr>
<tr><td>公　　路：</td><td></td><td>里程桩号：</td><td colspan="2">KM+</td></tr>
<tr><td>坡　　向：</td><td></td><td>位　　置：</td><td colspan="2"></td></tr>
<tr><td>评价单位：</td><td></td><td>边坡编号：</td><td colspan="2"></td></tr>
<tr><td>评 价 人：</td><td></td><td>养护单位：</td><td colspan="2"></td></tr>
<tr><td>评价时间：</td><td></td><td>主管部门：</td><td colspan="2"></td></tr>
<tr><td>边坡类型</td><td></td><td>挖方边坡
土质边坡
岩质边坡
二元介质边坡</td><td>填方边坡</td><td></td></tr>
<tr><td colspan="5" align="center">（一）边坡基本信息</td></tr>
<tr><td colspan="5">土质边坡</td></tr>
<tr><td colspan="3">(A)断面几何特征</td><td colspan="2">A得分</td></tr>
<tr><td rowspan="5">(A11)土质边坡
高度(H)
m

H</td><td rowspan="5"></td><td>1) H≤6m</td><td>10</td><td rowspan="3"></td></tr>
<tr><td>2) 6m<H≤10m</td><td>16</td></tr>
<tr><td>3) 10m<H≤20m</td><td>24</td></tr>
<tr><td>4) 20m<H≤40m</td><td>36</td><td rowspan="2">A11得分</td></tr>
<tr><td>5) H>40m</td><td>50</td></tr>
<tr><td rowspan="5">(A12)土质边坡
坡角(θ)
°

θ</td><td rowspan="5"></td><td>1) θ≤32°</td><td>10</td><td rowspan="3"></td></tr>
<tr><td>2) 32°<θ≤37°</td><td>16</td></tr>
<tr><td>3) 37°<θ≤42°</td><td>24</td></tr>
<tr><td>4) 42°<θ≤48°</td><td>36</td><td rowspan="2">A12得分</td></tr>
<tr><td>5) θ>48°</td><td>50</td></tr>
<tr><td colspan="3">(B)坡体结构</td><td colspan="2">B得分</td></tr>
<tr><td rowspan="4">(B11)土体类型
（按颗粒组成划分）</td><td rowspan="4"></td><td>1) 碎石土</td><td>13</td><td rowspan="2"></td></tr>
<tr><td>2) 砂土</td><td>20</td></tr>
<tr><td>3) 粉土</td><td>27</td><td rowspan="2">B11得分</td></tr>
<tr><td>4) 黏性土</td><td>34</td></tr>
<tr><td rowspan="4">(B12)土体密实程度
（碎石土、砂土、粉土）</td><td rowspan="4"></td><td>1) 密实</td><td>13</td><td rowspan="2"></td></tr>
<tr><td>2) 中密</td><td>20</td></tr>
<tr><td>3) 稍密</td><td>27</td><td rowspan="2">B12得分</td></tr>
<tr><td>4) 松散</td><td>33</td></tr>
<tr><td rowspan="3">(B13)土体含水状态
（碎石土、砂土、粉土）</td><td rowspan="3"></td><td>1) 稍湿</td><td>13</td><td rowspan="2"></td></tr>
<tr><td>2) 湿</td><td>20</td></tr>
<tr><td>3) 很湿</td><td>33</td><td>B13得分</td></tr>
<tr><td rowspan="4">(B14)稠度状态
（黏性土）</td><td rowspan="4"></td><td>1) 坚硬</td><td>17</td><td rowspan="2"></td></tr>
<tr><td>2) 硬塑</td><td>33</td></tr>
<tr><td>3) 可塑</td><td>50</td><td rowspan="2">B14得分</td></tr>
<tr><td>4) 软塑</td><td>66</td></tr>
</table>

在役公路边坡工程调查评分表

（第 2 页　共 12 页）

岩质边坡

(A)断面几何特征			A 得分
(A21)岩质边坡高度(H) m H	1) $H \leq 8m$	10	
	2) $8m < H \leq 15m$	16	
	3) $15m < H \leq 30m$	24	
	4) $30m < H \leq 60m$	36	A21 得分
	5) $H > 60m$	50	
(A22)岩质边坡坡角(θ) ° θ	1) $\theta \leq 42°$	10	
	2) $42° < \theta \leq 49°$	16	
	3) $49° < \theta \leq 58°$	24	
	4) $58° < \theta \leq 67°$	36	A22 得分
	5) $\theta > 67°$	50	

(B)坡体结构			B 得分
(B21)岩石的坚硬程度	1) 坚硬岩	4	
	2) 较坚硬岩	8	
	3) 较软岩	12	
	4) 软岩	16	B21 得分
	5) 极软岩	20	
(B22)结构面发育程度	1) 结构面发育 1~2 组，平均间距 >1m，岩体呈整体或巨厚层状结构	4	
	2) 结构面发育 1~3 组，平均间距 1~0.4m，岩体呈块状或厚层状结构	8	
	3) 结构面发育 ≥3 组，平均间距 1~0.2m，岩体呈裂隙块状或中厚层状，镶嵌碎裂、薄层状结构	12	
	4) 结构面 ≥3 组，平均间距 0.4~0.2m，岩体呈裂隙块状或碎裂结构	16	B22 得分
	5) 结构面发育密集无序，岩体呈散体状结构	20	
(B23)结构面结合程度	1) 好		
	2) 一般		
	3) 差		B23 得分
	4) 很差		
(B24)外倾结构面倾角	1) 近水平(0~5°)或内倾		
	2) >75°或 <27°		
	3) 27°~75°		B24 得分
	4) 结构面无明显规律		

二元介质边坡

	A 得分	B 得分
几何特征和坡体材料分别按土质边坡和岩质边坡填表，取两者 A、B 的大值		

在役公路边坡工程调查评分表
(第3页 共12页)

填方边坡

(A)断面几何特征			A 得分
(A41)填方边坡高度(H)	1) $H \leqslant 6m$	10	
	2) $6m < H \leqslant 10m$	16	
m	3) $10m < H \leqslant 20m$	24	
H	4) $20m < H \leqslant 40m$	36	A41 得分
	5) $H > 40m$	50	
(A42)填方边坡坡角(θ)	1) $\theta \leqslant 21°$	10	
	2) $21° < \theta \leqslant 25°$	16	
°	3) $25° < \theta \leqslant 30°$	24	
θ	4) $30° < \theta \leqslant 34°$	36	A42 得分
	5) $\theta > 34°$	50	
(B)坡体结构			B 得分
(B41)坡体填料	1) 巨粒土	8	
	2) 粗粒土	12	B41 得分
	3) 细粒土	20	
(B42)填挖交界面或岩土接触面与坡向关系	1) 反坡	10	
	2) 近水平(0~10°)	20	
	3) 缓坡(10°≤交界面坡度≤20°)	30	B42 得分
	4) 陡坡(交界面坡度>20°)	40	
(B43)基底条件	1) 硬质岩	8	
	2) 软质岩	12	B43 得分
	3) 土层	20	
(B44)控制性层面	1) 无外倾不利结构面或软弱层	10	B44 得分
	2) 有外倾不利结构面或软弱层	20	
(C)气象与水文地质条件			C 得分
(C1)年平均降雨量($Q_年$)	1) $Q_年 \leqslant 200mm$	4	
	2) $200mm < Q_年 \leqslant 400mm$	8	
mm	3) $400mm < Q_年 \leqslant 600mm$	12	
$Q_年$	4) $600mm < Q_年 \leqslant 800mm$	16	C1 得分
	5) $Q_年 > 800mm$	20	
(C2)日最大降雨量($Q_日$)	1) $Q_日 \leqslant 25mm$	4	
	2) $25mm < Q_日 \leqslant 50mm$	8	
mm	3) $50mm < Q_日 \leqslant 100mm$	12	
$Q_日$	4) $100mm < Q_日 \leqslant 200mm$	16	C2 得分
	5) $Q_日 > 200mm$	20	

在役公路边坡工程调查评分表

(第4页 共12页)

(C3)地表水活动	1)排泄畅 2)排泄较畅 3)排泄较不畅 4)排泄不畅	8 16 24 30	C3得分
(C4)地下水活动	1)坡面无渗水 2)坡面点状渗水 3)坡面线状渗水 4)坡面面状渗水	8 16 24 30	C4得分
(D)区域地质条件			D得分
(D1)地震峰值加速度(a) a _____ g	1)$a\leq0.05g$ 2)$0.05g<a\leq0.15g$ 3)$0.15g<a\leq0.20g$ 4)$0.20g<a\leq0.30g$ 5)$a\geq0.40g$	10 20 30 40 50	D1得分
(D2)地质构造影响程度	1)弱/无 2)中等 3)较强烈 4)强烈	12 24 36 50	D2得分
(二)边坡动态信息			
(E)边坡变形历史			E得分
(E)边坡变形现状	1)无 2)轻微 3)中等 4)严重	25 50 75 100	E得分
(F)边坡变形现状			F得分
(F)边坡变形现状	1)无 2)轻微 3)中等 4)严重	25 50 75 100	F得分

边坡破坏模式识别

风化剥落　　　　崩塌　　倾倒　　溃屈 流石流泥　　　　坍塌　　溜塌　　坍滑 掉块落石　　　　错落　　滑坡	破坏模式

在役公路边坡工程调查评分表
（第5页 共12页）

（三）边坡防护工程信息

（G）边坡防护工程状态　　　　　　　　　　　　　　　　　　　G得分 ☐

边坡防护工程	是否有该项工程(有为1，无为0)	工程重要性	权重γ	得分
(G1)排水工程	☐	☐	☐	☐
(G2)坡面防护	☐	☐	☐	☐
(G3)支挡工程	☐	☐	☐	☐

防护工程状况分数：$G=20\sum\limits_{i=1}^{3}G_i\gamma_i$

（G1）排水工程　　　　　　　　　　　　　　　　　　　　　　G1得分 ☐

排水工程	是否有该项工程(有为1，无为0)	工程重要性	权重γ	得分
(G11)边沟	☐	☐	☐	☐
(G12)截水沟	☐	☐	☐	☐
(G13)排水沟	☐	☐	☐	☐
(G14)急流槽与跌水	☐	☐	☐	☐
(G15)仰斜排水孔	☐	☐	☐	☐
(G16)渗井	☐	☐	☐	☐
(G17)排水隧道	☐	☐	☐	☐
(G18)盲沟(渗沟)	☐	☐	☐	☐
(G19)集水井	☐	☐	☐	☐

排水工程分数：$G_i=\sum\limits_{i=1}^{n}G_{ii}\gamma_i$

（G11）边沟

破损情况描述 ☐

破损程度		破损对功能的影响程度		破损发展趋势		工程技术状态分级	
1)破损严重	2	1)不重要	0	1)趋向稳定	-1	总分	☐
2)破损中等	1	2)次要	1	2)发展缓慢	0		
3)破损轻	0	3)重要	2	3)发展较快	1	级别	☐
得分 ☐		得分 ☐		得分 ☐			

（G12）截水沟

破损情况描述 ☐

破损程度		破损对功能的影响程度		破损发展趋势		工程技术状态分级	
1)破损严重	2	1)不重要	0	1)趋向稳定	-1	总分	☐
2)破损中等	1	2)次要	1	2)发展缓慢	0		
3)破损轻	0	3)重要	2	3)发展较快	1	级别	☐
得分 ☐		得分 ☐		得分 ☐			

（G13）排水沟

破损情况描述 ☐

破损程度		破损对功能的影响程度		破损发展趋势		工程技术状态分级	
1)破损严重	2	1)不重要	0	1)趋向稳定	-1	总分	☐
2)破损中等	1	2)次要	1	2)发展缓慢	0		
3)破损轻	0	3)重要	2	3)发展较快	1	级别	☐
得分 ☐		得分 ☐		得分 ☐			

在役公路边坡工程调查评分表

(第6页 共12页)

(G14) 急流槽与跌水

破损情况描述

破损程度		破损对功能的影响程度		破损发展趋势		工程技术状态分级	
1) 破损严重	2	1) 不重要	0	1) 趋向稳定	-1	总分	
2) 破损中等	1	2) 次要	1	2) 发展缓慢	0		
3) 破损轻	0	3) 重要	2	3) 发展较快	1	级别	
得分		得分		得分			

(G15) 仰斜排水孔

破损情况描述

破损程度		破损对功能的影响程度		破损发展趋势		工程技术状态分级	
1) 破损严重	2	1) 不重要	0	1) 趋向稳定	-1	总分	
2) 破损中等	1	2) 次要	1	2) 发展缓慢	0		
3) 破损轻	0	3) 重要	2	3) 发展较快	1	级别	
得分		得分		得分			

(G16) 渗井

破损情况描述

破损程度		破损对功能的影响程度		破损发展趋势		工程技术状态分级	
1) 破损严重	2	1) 不重要	0	1) 趋向稳定	-1	总分	
2) 破损中等	1	2) 次要	1	2) 发展缓慢	0		
3) 破损轻	0	3) 重要	2	3) 发展较快	1	级别	
得分		得分		得分			

(G17) 排水隧道

破损情况描述

破损程度		破损对功能的影响程度		破损发展趋势		工程技术状态分级	
1) 破损严重	2	1) 不重要	0	1) 趋向稳定	-1	总分	
2) 破损中等	1	2) 次要	1	2) 发展缓慢	0		
3) 破损轻	0	3) 重要	2	3) 发展较快	1	级别	
得分		得分		得分			

(G18) 盲沟(渗沟)

破损情况描述

破损程度		破损对功能的影响程度		破损发展趋势		工程技术状态分级	
1) 破损严重	2	1) 不重要	0	1) 趋向稳定	-1	总分	
2) 破损中等	1	2) 次要	1	2) 发展缓慢	0		
3) 破损轻	0	3) 重要	2	3) 发展较快	1	级别	
得分		得分		得分			

(G19) 集水井

破损情况描述

破损程度		破损对功能的影响程度		破损发展趋势		工程技术状态分级	
1) 破损严重	2	1) 不重要	0	1) 趋向稳定	-1	总分	
2) 破损中等	1	2) 次要	1	2) 发展缓慢	0		
3) 破损轻	0	3) 重要	2	3) 发展较快	1	级别	
得分		得分		得分			

在役公路边坡工程调查评分表

（第 7 页　共 12 页）

(G2) 坡面防护工程				G2得分

排水工程	是否有该项工程(有为1，无为0)	工程重要性	权重γ	得分
(G21) 植物防护				
(G22) 骨架植物防护				
(G23) 喷护				
(G24) 挂网喷护				
(G25) 干砌片石护坡				
(G26) 浆砌片石护坡				
(G27) 护面墙				
(G28) 柔性防护结构				

坡面防护工程分数：$G_i = \sum_{i=1}^{n} G_{ii}\gamma_i$

(G21) 植物防护

破损情况描述

破损程度		破损对功能的影响程度		破损发展趋势		工程技术状态分级	
1) 破损严重	2	1) 不重要	0	1) 趋向稳定	-1	总分	
2) 破损中等	1	2) 次要	1	2) 发展缓慢	0	级别	
3) 破损轻	0	3) 重要	2	3) 发展较快	1		
得分		得分		得分			

(G22) 骨架植物防护

破损情况描述

破损程度		破损对功能的影响程度		破损发展趋势		工程技术状态分级	
1) 破损严重	2	1) 不重要	0	1) 趋向稳定	-1	总分	
2) 破损中等	1	2) 次要	1	2) 发展缓慢	0	级别	
3) 破损轻	0	3) 重要	2	3) 发展较快	1		
得分		得分		得分			

(G23) 喷护

破损情况描述

破损程度		破损对功能的影响程度		破损发展趋势		工程技术状态分级	
1) 破损严重	2	1) 不重要	0	1) 趋向稳定	-1	总分	
2) 破损中等	1	2) 次要	1	2) 发展缓慢	0	级别	
3) 破损轻	0	3) 重要	2	3) 发展较快	1		
得分		得分		得分			

(G24) 挂网喷护

破损情况描述

破损程度		破损对功能的影响程度		破损发展趋势		工程技术状态分级	
1) 破损严重	2	1) 不重要	0	1) 趋向稳定	-1	总分	
2) 破损中等	1	2) 次要	1	2) 发展缓慢	0	级别	
3) 破损轻	0	3) 重要	2	3) 发展较快	1		
得分		得分		得分			

在役公路边坡工程调查评分表

（第 8 页 共 12 页）

(G25) 干砌片石护坡

破损情况描述 _____

破损程度		破损对功能的影响程度		破损发展趋势		工程技术状态分级	
1) 破损严重	2	1) 不重要	0	1) 趋向稳定	-1	总分	
2) 破损中等	1	2) 次要	1	2) 发展缓慢	0		
3) 破损轻	0	3) 重要	2	3) 发展较快	1	级别	
得分		得分		得分			

(G26) 浆砌片石护坡

破损情况描述 _____

破损程度		破损对功能的影响程度		破损发展趋势		工程技术状态分级	
1) 破损严重	2	1) 不重要	0	1) 趋向稳定	-1	总分	
2) 破损中等	1	2) 次要	1	2) 发展缓慢	0		
3) 破损轻	0	3) 重要	2	3) 发展较快	1	级别	
得分		得分		得分			

(G27) 护面墙

破损情况描述 _____

破损程度		破损对功能的影响程度		破损发展趋势		工程技术状态分级	
1) 破损严重	2	1) 不重要	0	1) 趋向稳定	-1	总分	
2) 破损中等	1	2) 次要	1	2) 发展缓慢	0		
3) 破损轻	0	3) 重要	2	3) 发展较快	1	级别	
得分		得分		得分			

(G28) 柔性防护结构

破损情况描述 _____

破损程度		破损对功能的影响程度		破损发展趋势		工程技术状态分级	
1) 破损严重	2	1) 不重要	0	1) 趋向稳定	-1	总分	
2) 破损中等	1	2) 次要	1	2) 发展缓慢	0		
3) 破损轻	0	3) 重要	2	3) 发展较快	1	级别	
得分		得分		得分			

(G3) 支挡工程   G3 得分

坡面防护工程	是否有该项工程(有为1,无为0)	工程重要性	权重 γ	得分
(G31) 挡墙				
(G32) 锚固工程				
(G33) 抗滑桩				

坡面防护工程分数：$G_i = \sum_{i=1}^{n} G_{ii} \gamma_i$

(G31) 挡墙   G31 得分

挡墙	是否有该项工程(有为1,无为0)	工程重要性	权重 γ	得分
(G311) 重力式挡墙				
(G312) 悬臂挡墙				
(G313) 锚定板挡墙				
(G314) 加筋土挡墙				

排水工程分数：$G_{ii} = \sum_{i=1}^{n} G_{iii} \gamma_i$

在役公路边坡工程调查评分表

(第9页 共12页)

(G311) 重力式挡墙

破损情况描述			
破损程度	破损对功能的影响程度	破损发展趋势	工程技术状态分级
1) 破损严重　2	1) 不重要　0	1) 趋向稳定　-1	总分
2) 破损中等　1	2) 次要　1	2) 发展缓慢　0	级别
3) 破损轻　0	3) 重要　2	3) 发展较快　1	
得分	得分	得分	

(G312) 悬臂挡墙

破损情况描述			
破损程度	破损对功能的影响程度	破损发展趋势	工程技术状态分级
1) 破损严重　2	1) 不重要　0	1) 趋向稳定　-1	总分
2) 破损中等　1	2) 次要　1	2) 发展缓慢　0	级别
3) 破损轻　0	3) 重要　2	3) 发展较快　1	
得分	得分	得分	

(G313) 锚定板挡墙

破损情况描述			
破损程度	破损对功能的影响程度	破损发展趋势	工程技术状态分级
1) 破损严重　2	1) 不重要　0	1) 趋向稳定　-1	总分
2) 破损中等　1	2) 次要　1	2) 发展缓慢　0	级别
3) 破损轻　0	3) 重要　2	3) 发展较快　1	
得分	得分	得分	

(G314) 加筋土挡墙

破损情况描述			
破损程度	破损对功能的影响程度	破损发展趋势	工程技术状态分级
1) 破损严重　2	1) 不重要　0	1) 趋向稳定　-1	总分
2) 破损中等　1	2) 次要　1	2) 发展缓慢　0	级别
3) 破损轻　0	3) 重要　2	3) 发展较快　1	
得分	得分	得分	

(G32) 锚固工程

G32得分

锚固工程	是否有该项工程(有为1，无为0)	工程重要性	权重γ	得分
(G321) 锚索(杆)				
(G322) 框架				
(G323) 地基				

锚固工程分数：$G_i = \sum_{i=1}^{n} G_{ii} \gamma_i$

(G321) 锚索(杆)

破损情况描述			
破损程度	破损对功能的影响程度	破损发展趋势	工程技术状态分级
1) 破损严重　2	1) 不重要　0	1) 趋向稳定　-1	总分
2) 破损中等　1	2) 次要　1	2) 发展缓慢　0	级别
3) 破损轻　0	3) 重要　2	3) 发展较快　1	
得分	得分	得分	

在役公路边坡工程调查评分表
（第10页 共12页）

(G322) 框架

破损情况描述

破损程度	破损对功能的影响程度	破损发展趋势	工程技术状态分级
1) 破损严重　2	1) 不重要　0	1) 趋向稳定　-1	总分　☐
2) 破损中等　1	2) 次要　1	2) 发展缓慢　0	
3) 破损轻　0	3) 重要　2	3) 发展较快　1	级别　☐
得分　☐	得分　☐	得分　☐	

(G323) 地基　　　　　　　　　　　　　　　　　　　　　　　　　　G32得分

破损情况描述

破损程度	破损对功能的影响程度	破损发展趋势	工程技术状态分级
1) 破损严重　2	1) 不重要　0	1) 趋向稳定　-1	总分　☐
2) 破损中等　1	2) 次要　1	2) 发展缓慢　0	
3) 破损轻　0	3) 重要　2	3) 发展较快　1	级别　☐
得分　☐	得分　☐	得分　☐	

(G33) 抗滑桩　　　　　　　　　　　　　　　　　　　　　　　　　　G33得分

抗滑桩	是否有该项工程(有为1，无为0)	工程重要性	权重 γ	得分
(G331) 桩身锚索				
(G332) 桩身				
(G333) 桩间挡板或挡墙				
(G334) 桩周土体				

抗滑桩分数：$G_{ii}=\sum\limits_{i=1}^{n}G_{iii}\gamma_i$

(G331) 桩身锚索

破损情况描述

破损程度	破损对功能的影响程度	破损发展趋势	工程技术状态分级
1) 破损严重　2	1) 不重要　0	1) 趋向稳定　-1	总分　☐
2) 破损中等　1	2) 次要　1	2) 发展缓慢　0	
3) 破损轻　0	3) 重要　2	3) 发展较快　1	级别　☐
得分　☐	得分　☐	得分　☐	

(G332) 桩身

破损情况描述

破损程度	破损对功能的影响程度	破损发展趋势	工程技术状态分级
1) 破损严重　2	1) 不重要　0	1) 趋向稳定　-1	总分　☐
2) 破损中等　1	2) 次要　1	2) 发展缓慢　0	
3) 破损轻　0	3) 重要　2	3) 发展较快　1	级别　☐
得分　☐	得分　☐	得分　☐	

(G333) 桩间挡板或挡墙

破损情况描述

破损程度	破损对功能的影响程度	破损发展趋势	工程技术状态分级
1) 破损严重　2	1) 不重要　0	1) 趋向稳定　-1	总分　☐
2) 破损中等　1	2) 次要　1	2) 发展缓慢　0	
3) 破损轻　0	3) 重要　2	3) 发展较快　1	级别　☐
得分　☐	得分　☐	得分　☐	

在役公路边坡工程调查评分表

(第11页 共12页)

(G334) 桩周土体

破损情况描述			
破损程度	破损对功能的影响程度	破损发展趋势	工程技术状态分级
1) 破损严重　2	1) 不重要　0	1) 趋向稳定　-1	总分
2) 破损中等　1	2) 次要　　1	2) 发展缓慢　0	
3) 破损轻　　0	3) 重要　　2	3) 发展较快　1	级别
得分	得分	得分	

边坡灾害危险性评价

指标	重要性排序	权重γ	得分	
(A) 断面几何特征				
(B) 坡体结构				危险性指数SH
(C) 气象与水文地质条件				
(D) 区域地质条件				
(E) 边坡变形历史				
(F) 边坡变形现状				危险度SH_d
(G) 边坡防护工程状态				

(四) 边坡功能信息

(O) 公路等级			O得分
(O) 公路等级	1) 四级公路及以下	76	
	2) 三级公路	85	
	3) 二级公路	92	O得分
	4) 高速公路及一级公路	100	

(P) 边坡周边设施			P得分
(P) 公路边坡周边设施	1) 设施位于下述范围外；	76	
	2) 在坡顶以外1.5倍坡高、路基下方2.0倍坡高范围及两侧有地表建筑物、地下埋藏物、高压线、水体设施；	85	
	3) 在坡顶以外1.0倍坡高、路基下方1.5倍坡高范围及两侧有地表建筑物、地下埋藏物、高压线、水体设施；	92	
	4) 在坡顶以外0.5倍坡高、路基下方1.0倍坡高范围及两侧有隧道、桥梁、地表建筑物、地下埋藏物、高压线、水体设施	100	P得分

(Q) 边坡灾害对公路的危害程度			Q得分
(Q) 边坡灾害对公路的危害程度	1) 无或轻微	76	
	2) 不严重	85	
	3) 较严重	92	Q得分
	4) 严重	100	

边坡灾害危害性评价

指标	重要性排序	权重γ	得分	危害性指数SV
(O) 公路等级				
(P) 公路边坡周边设施				危害度SV_d
(Q) 边坡灾害对公路的危害程度				

在役公路边坡工程调查评分表 (第12页 共12页)
边坡风险评价
边坡灾害危险性指数 SH			
边坡灾害危险度 SH_d		边坡工程风险指数 SRI	
边坡灾害危害性指数 SV			
边坡灾害危害度 SV_d			
边坡工程简图：

附录 D 边坡防护主体及附属工程划分表

D.1 边坡防护主体及附属工程划分见表 D.1。

表 D.1 边坡防护主体及附属工程划分表

破坏类型	常用防护结构形式	主体工程	附属工程
落石	挡墙、拦石墙、柔性防护、喷护、片石护坡、护面墙和截排水沟	挡墙、拦石墙、柔性防护、喷护、片石护坡、护面墙	截排水沟
碎落（溜砂）	挡墙、拦石墙、柔性防护、明棚洞和截排水沟	挡墙、拦石墙、柔性防护、明棚洞	截排水沟
坡面流石流泥（坡面溜塌）	挡墙、排导槽、明棚洞、坡面防护和截排水沟	挡墙、排导槽、明棚洞、坡面防护	截排水沟
坍塌	挡墙、锚固工程、骨架护坡、片石护坡、护面墙和截排水沟	挡墙、锚固工程、骨架护坡、片石护坡、护面墙	截排水沟
滑塌	挡墙、锚固工程、抗滑桩、骨架护坡、片石护坡、护面墙和截排水沟、仰斜排水孔、盲沟、渗沟	挡墙、锚固工程、抗滑桩、骨架护坡、片石护坡、护面墙	截排水沟、仰斜排水孔、盲沟、渗沟
崩塌	挡墙、柔性网、挂网喷混、片石护坡、护面墙、明棚洞、锚固工程和截排水沟	挡墙、柔性防护、喷护、片石护坡、护面墙、明棚洞、锚固工程	截排水沟
滑坡	挡墙、锚固工程、抗滑桩、植物防护、骨架护坡、片石护坡、护面墙、明洞和截排水沟、仰斜排水孔、盲沟、渗沟、排水隧道、渗井、集水井	挡墙、锚固工程、抗滑桩	植物防护、骨架护坡、片石护坡、护面墙、明洞、截排水沟、仰斜排水孔、盲沟、渗沟、排水隧道、渗井、集水井
错落	挡墙、锚固工程、抗滑桩、植物防护、骨架护坡、片石护坡、护面墙和截排水沟、仰斜排水孔	挡墙、锚固工程、抗滑桩	植物防护、骨架护坡、片石护坡、护面墙、截排水沟、仰斜排水孔
倾倒	挡墙、锚固工程、抗滑桩、植物防护、骨架护坡、片石护坡、护面墙和截排水沟、仰斜排水孔	挡墙、锚固工程、抗滑桩	植物防护、骨架护坡、片石护坡、护面墙、截排水沟、仰斜排水孔
溃屈	挡墙、锚固工程、抗滑桩、植物防护、骨架护坡、片石护坡、护面墙和截排水沟、仰斜排水孔	挡墙、锚固工程、抗滑桩	植物防护、骨架护坡、片石护坡、护面墙、截排水沟、仰斜排水孔

注：1. 主体工程重要性在附属工程重要性之前，若边坡主体工程存在若干分项工程，应根据边坡破坏模式确定分项工程的重要性，以此排序。
2. 一般来说，工程重要性排序为支挡工程、坡面防护、排水工程，特殊情况根据现场调查确定。

附录 E 在役公路边坡工程调查评价汇总表

E.1 在役公路边坡工程调查评价汇总表按表 E.1 编制。

表 E.1 在役公路边坡工程调查评价汇总表

序号	边坡位置（起止桩号）	边坡类型	破坏模式	危险度 SH_d	危害度 SV_d	风险指数 SRI	风险等级	对策

本规程用词用语说明

1 本规程执行严格程度的用词,采用下列写法:

1)表示很严格,非这样做不可的用词,正面词采用"必须",反面词采用"严禁";

2)表示严格,在正常情况下均应这样做的用词,正面词采用"应",反面词采用"不应"或"不得";

3)表示允许稍有选择,在条件许可时首先应这样做的用词,正面词采用"宜",反面词采用"不宜";

4)表示有选择,在一定条件下可以这样做的用词,采用"可"。

2 引用标准的用语采用下列写法:

1)在标准总则中表述与相关标准的关系时,采用"除应符合本规程的规定外,尚应符合国家和行业现行有关标准的规定"。

2)在标准条文及其他规定中,当引用的标准为国家标准或行业标准时,应表述为"应符合《××××××》(×××)的有关规定"。

3)当引用本标准中的其他规定时,应表述为"应符合本规程第×章的有关规定""应符合本规程第×.×节的有关规定""应符合本规程第×.×.×条的有关规定"或"应按本规程第×.×.×条的有关规定执行"。